Faits cocasses
Charades

Conception et illustration de la couverture :
Dominique Pelletier

Conception graphique :
Monique Fauteux

Direction d'édition :
Lynda Burgoyne

Éditions
■SCHOLASTIC

100 blagues! Et plus...
Nº 2
© Éditions Scholastic, 2004
Tous droits réservés
Dépôt légal : 2e trimestre 2004

ISBN-13 : 978-0-439-96282-7
ISBN-10 : 0-439-96282-X
Imprimé au Canada

Éditions Scholastic
604, rue King Ouest
Toronto (Ontario)
M5V 1E1
www.scholastic.ca/editions

Un escargot voit passer une limace et s'exclame :

- Quelle misère, tous ces sans-abri!

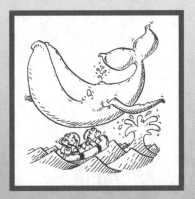

Le plus grand vertébré de la planète est la baleine bleue, mesurant 27 m de long et pesant 132 tonnes.

Mon premier est un coup de fusil.

Mon deuxième est un adjectif possessif.

Mon troisième est le contraire de « court ».

Mon tout est un vêtement.

Deux fantômes se promènent. L'un fait :

- **Ouuuuuuuuhhh...**

- Tu essaies de me faire peur? dit l'autre.

- Mais non, je viens de me cogner!!!

La plus grande partie du pont de la Confédération, qui relie le Nouveau-Brunswick à l'Île-du-Prince-Édouard, est à 40 m au-dessus de l'eau. Aux endroits où les bateaux doivent passer sous lui, le pont est à 60 m au-dessus de l'eau.

Un frère et une sœur se disputent :
- Tête de cochon!
- Espèce de dinde!
- Arrête de pleurer, espèce
de veau!
Leur mère arrive et crie :

- Oh, la ferme!

Que dit le comte Dracula après avoir mordu sa victime?

- Merci, beau cou.

À leur naissance, les bébés bélugas sont bleu foncé ou presque noirs. Il leur faut de quatre à cinq ans pour devenir blancs.

Un petit garçon demande à son père :

- Papa, pourquoi la **nuit** n'a-t-elle qu'un **œil**?

- Qu'est-ce que tu racontes?

- Ben oui, papa, tu as dit que tu n'as pas fermé l'**œil** de la **nuit**!

Mon premier ne dit pas la vérité.
Mon second est un oiseau bleu.
Mon tout est un verbe.

QUEL EST LE COMBLE POUR UN JUGE GOURMAND?

RÉPONSE : C'EST DE MANGER DES AVOCATS.

Certains bébés requins se battent à mort **avant** même de naître.

9

Tante Sophie demande à sa nièce :

- Avec quelle main dessines-tu à l'école?

- Avec la **mienne**.

ˇˇˇˇˇˇˇˇˇˇˇˇˇˇˇˇˇˇˇˇˇˇˇˇˇ

Un homme rend visite à un de ses amis qui vient juste de devenir papa. En voyant le bébé, il s'exclame :

- Comme il est beau! Et ça lui fait quel âge?

- 15 jours, répond le papa.

- Et comment s'appelle-t-il?

- Ben ça, on ne sait pas,

il ne parle pas encore!!!!

Un homme se retrouve en prison. Un autre prisonner lui demande :

- Qu'est-ce que tu as fait pour être enfermé ici?

- J'ai imprimé des billets de banque.

- Pourquoi tu t'es fait prendre? Tes billets étaient mal reproduits?

- Je n'en ai aucune idée! Ils étaient pourtant parfaits, **mes billets de 35 $**!

• •

Qu'est-ce qu'une maman fantôme offre à sa fille pour l'Halloween?

- Une maison de poupée **hantée**.

Il y a trois catégories de
personnes dans le monde :
celles qui **savent** compter
et celles qui ne **savent pas**...

Pouvez-vous imaginer que quelqu'un a
inventé un bonbon en forme de rat
et qu'il y a même des directives sur
la façon de le manger ?
Eh oui !

- Connais-tu l'histoire du gars qui est mort en raclant ses feuilles?
Il est tombé en bas de son arbre...

● ●

Mon premier est le contraire de « dur ».

Mon deuxième est l'opposé de « tôt ».

Mon troisième est égal à $1 + 1$.

Mon tout a un goût piquant.

En septembre 1945, un insecte a bloqué
l'interrupteur d'une énorme calculatrice.
C'est depuis ce temps qu'on utilise le mot

« bug »

(« insecte » en anglais)
pour désigner les problèmes d'ordinateurs.

Une mère vient d'accoucher d'une petite fille. Elle laisse le soin à sa fille aînée de choisir le nom du poupon :

- Comment va-t-on l'appeler?

- **Poil-de-souris.**

- Franchement! On ne va tout de même pas l'appeler **Poil-de-souris!**

- Bah, notre cousine s'appelle bien **Barbe-à-rat!**

Mon premier est l'opposé de « mère ».

Mon deuxième est la 4e voyelle.

Mon troisième est le lieu où l'on amarre les bateaux.

Mon tout est un oiseau tropical.

●●●●●●●●●●●●●●●●●

Il était une fois deux boulettes de viande qui jouaient à cache-cache. L'une crie à l'autre :

- OÙ STEAK HACHÉ?

Deux citrouilles dévalent une côte. L'une des citrouilles frappe une roche. Quand l'autre passe à côté, elle lui dit :

- Oh, la tarte!!!

Un citron et une orange traversent la rue. L'orange se fait écraser. Le citron s'exclame :

- **T'es pressé, toi!**

- Allez, debout, Denis! Il est l'heure de te lever pour aller à l'école!!!

- **Non**, je ne veux pas y aller, ils sont tous méchants avec moi!

- Mais mais, mais, voyons, Denis, c'est **toi**, le professeur!

Deux lapins jouent aux cartes.
Soudain, l'un pose ses cartes sur
la table et demande :

- Mais qui a mangé tous les trèfles ?

Il paraît que ça **porte malheur**
de mettre ses bottes sur la table.

Alors que sa maman est en train de lire, Philippe lui demande :

- Qu'est-ce que tu fais?

- Je lis.

- Mais je ne t'entends pas!

- C'est parce que je lis dans ma tête.

Philippe s'approche et colle son oreille près de la tête de sa mère :

- Philippe, qu'est-ce que tu fais?

- Ben, j'écoute.

Jean et Carl vont à la chasse aux canards. Ils s'inscrivent, choisissent leur territoire et partent à la chasse. À la fin de la journée, les deux hommes reviennent déçus. Ils voient les autres chasseurs arriver avec leur sac rempli de gibiers, alors qu'eux n'ont qu'un seul canard. Carl dit alors à Jean :

- D'après moi, on lançait pas le chien assez haut...

Le plus grand invertébré de
la planète est le calmar géant,
qui mesure **20 m de long**, et a
des yeux aussi gros que
des ballons de basketball.

Mon premier est un livre saint.

Mon deuxième est le cri de la souris.

Mon troisième est ce que dit celui qui est surpris.

Mon quatrième est une sorte de bois.

Mon tout contient des milliers de livres.

QUELLE EST LA PLANTE QU'ON N'ARROSE JAMAIS ET QU'ON ÉCRASE SANS QU'ELLE S'ABÎME?

RÉPONSE : LA PLANTE DES PIEDS.

Les militants de la Chine ancienne envoyaient des espions survoler les camps ennemis en cerf-volant.

Un escargot dit à sa femme :

- Oh, que j'ai **mal** à la tête
ce matin!

- Reste couché, je vais aller t'acheter
de l'aspirine à la pharmacie.

Trois jours plus tard, elle rentre et
dit à son mari :

- C'est bête : en arrivant à la
pharmacie, je me suis aperçue que
j'avais oublié mon porte-monnaie ici!

Le mouvement des petits
muscles qui causent la chair
de poule produit de la chaleur
et réchauffe le corps.

Deux amis discutent :

- Quand j'étais petit, mon père avait un truc **infaillible** pour me faire dormir.

- Ah oui? Qu'est-ce qu'il faisait?

- Il me lançait en l'air et me rattrapait.

- Et ça marchait?

- Oh oui! Le plafond était assez bas à la maison!

Une fille dit à son frère :

- Toi, si tu avais un **QI** juste une coche au-dessous, tu serais

une plante.

Mon premier est le contraire de cru.

Mon deuxième est la première syllabe de zizanie.

Mon troisième est le premier mot de la négation.

Mon tout est une pièce de la maison.

Il y a presque autant de
poulets que **d'humains**
dans le monde.

Rappelez-vous que vous êtes

unique,

comme tout le monde.

Mon premier est la 4e note de la portée.

Mon second est la première syllabe de recommencer.

Mon tout éclaire.

En 1918, les censeurs du cinéma
au Manitoba ont interdit

les comédies.

Une dame donne 5 dollars à Arthur, qui vient de l'aider à transporter quelques provisions du supermarché. Voyant qu'il ne répond rien, elle lui demande :

- Alors, qu'est-ce qu'on dit?
- **Euh... C'est tout?**

Mon premier contient de la confiture.

Mon second est le verbe aimer conjugué à la troisième personne, au présent de l'indicatif.

Mon tout est un texte qui rime.

Le travail d'équipe est essentiel.
En cas d'erreur, cela permet
d'accuser quelqu'un d'autre.

Mon premier compte 12 mois.
Mon deuxième unit la tête et le corps.
Mon troisième est un petit rongeur.
Mon quatrième est la 5e consonne.
Mon tout est un verbe.

- Moi, mon bébé, ça fait **trois** mois qu'il marche!

- **Woaw!** Il doit être loin maintenant!

●●●●●●●●●●●●●●●●●●●●●●●

Un fantôme parle à un autre fantôme :
- Je travaille dans un bureau.
- **Ah bon!** dans quel **tiroir?**

Une grand-maman a **10** petits enfants et **8** pommes. Comment fera-t-elle pour donner la même part à chaque enfant?

- Elle fera de la

compote.

● ● ● ● ● ● ● ● ● ● ● ● ● ● ● ● ● ●

Un homme entre dans un bar :

- Je voudrais un

Fasderwirzderkilmoskichtermeurk à la menthe.

Le barman répond :

- Un Fasderwirzderkilmoskichtermeurk **à la quoi?**

- Qu'est-ce qui tombe
le soir de l'Halloween?

- *La nuit!*

● ● ● ● ● ● ● ● ● ● ● ● ● ● ● ●

Les conducteurs américains voient
au moins 47 panneaux-réclames
par heure sur la majorité
des autoroutes.

UN HOMME TOMBE DE LA TOUR CN,
MAIS SES CHEVEUX NE TOMBENT
QUE DIX MINUTES PLUS TARD.
POURQUOI?

RÉPONSE : PARCE QU'IL UTILISE UN
SHAMPOOING QUI RALENTIT
LA CHUTE DES CHEVEUX.

Un homme raconte :

-Moi, j'ai toujours des **ampoules** dans les mains.

- Vous faites un travail difficile?

- Non, je suis vendeur **au rayon de l'électricité.**

Mon premier est le masculin
de Léa.

Mon second est le synonyme
de « quitte ».

Mon tout est un félin tacheté.

● ● ● ● ● ● ● ● ● ● ● ● ● ● ● ● ●

Un monsieur très très **avare**
dit à ses enfants :

— Si vous êtes gentils, ce soir,
je vous montrerai la **photo**
de quelqu'un qui mange de
la crème glacée.

Le fait que le monde soit peuplé **d'abrutis** nous permet de ne pas nous faire remarquer.

● ●

À une époque, Donald le Canard était interdit en Finlande parce qu'il ne portait pas de pantalon.

Dracula a été incarné plus souvent
que tout autre personnage
terrifiant dans les films d'horreur.

Deux hommes discutent :

- C'est étrange, en me réveillant ce matin, j'ai commencé à voir des **petits points blancs** à la minute où j'ai ouvert les yeux!

- Hmm! C'est bizarre! As-tu vu un **docteur**?

- Non non, **juste des petits points blancs!**

Combien de personnes faut-il pour pêcher sur la glace?

- Il en faut au moins **cinq**. Une pour percer le trou et **quatre pour passer la chaloupe dans le trou!**

- Dis, maman, c'est vrai que j'ai de **grands pieds?**

- Mais non... Eh! N'oublie pas de sortir tes chaussures du **garage,** sinon papa ne pourra pas y ranger la voiture!

●●●●●●●●●●●●●●●●●●●●

Mon premier est composé de lettres.

Mon second est la partie molle du pain.

Mon tout est enveloppé de bandelettes.

Le petit ver demande à sa maman :
- Maman, où est papa?
- Il est allé **pêcher**, mon petit...

Au XVIIIe siècle, une Russe
a eu **69** enfants : **16** paires de
jumeaux, **7** fois des triplés et
4 fois des quadruplés.

Un citrouille demande à une autre
citrouille :
- Combien font **quatre** fois **quatre?**
- Heu... je ne sais pas!
- **T'es-tu creusé la tête, au moins?**

Josée rend visite à l'optométriste :

- Docteur, je ne vois plus rien.
- Bon, essayez de lire les lettres sur le tableau...

- **Quel tableau?**

Mon premier est le contraire de mauvaise.

Mon second compte 60 minutes.

Mon tout est un état heureux.

Les éphémères n'ont pas de
bouche. Comme ils vivent
deux heures, ils n'ont pas le
temps de digérer un repas.

MONSIEUR ET MADAME PERRAULT
ONT CINQ ENFANTS. LA MOITIÉ
SONT DES FILLES.
COMMENT EST-CE POSSIBLE?

RÉPONSE : L'AUTRE MOITIÉ SONT
DES FILLES AUSSI.

Un policier fait signe à un automobiliste
de s'arrêter :

- Vous n'avez pas vu le feu rouge?

- **Oui, mais euh... c'est vous
que je n'avais pas vu!**

QUELLE RESSEMBLANCE Y A-T-IL
ENTRE UN THERMOMÈTRE ET UN
PROFESSEUR?

RÉPONSE : ON TREMBLE QUAND
           ILS MARQUENT ZÉRO.

Mon premier est le lieu
préféré des canards.

Mon second est une herbe
aromatique.

Mon tout est le nom d'un
premier ministre.

- **C'est assez!** dit la baleine, j'ai le **dos fin** et je me **cache à l'eau!**

• •

La ballerine Karen Kain a usé **300 paires** de chaussons en 1995-1996.

Deux adolescents sont sur le bord d'un lac. L'un des deux dit :

- Il fait chaud, on va se baigner?
L'autre répond :

- T'es malade, y a pas assez d'eau! Regarde le canard là-bas,

y en a jusqu'à la bedaine!

Un bateau coule. Le capitaine du bateau crie alors à tout le monde :

- Dirigez-vous vers la terre la plus proche!

Un des membres de l'équipage plonge et se dirige...

vers le fond de l'eau.

Le père de David s'étonne de ne pas encore avoir reçu le bulletin scolaire de son fils :

- Et ton bulletin, il n'est pas encore arrivé?

- Oui, mais je l'ai prêté à Paul pour qu'il **fasse peur** à son père!

●●●●●●●●●●●●●●●●

L'erreur est **humaine**, sinon il n'y aurait pas de gomme à effacer au bout des crayons.

En moyenne, la plupart des lits contiennent **10 000** minuscules bestioles de toutes sortes.

Lorsque la machine à écrire a été
inventée, on a pu taper en une
heure l'équivalent de 20 heures
de retranscription à la main.

C'est quand on a vu
ta tête qu'on a
inventé la **cagoule**.

● ● ● ● ● ● ● ● ● ● ● ●

Mon premier recouvre le corps.

Mon second est le contraire de rugueux.

Mon tout fait respecter la loi.

Il y a 15 milliers d'années,
les gens de l'âge de pierre
utilisaient les os de mammouth
pour se faire des maisons.

Comment s'appelle le Chinois
le plus rapide au monde?

WOOOOOONNNGGGG!

● ● ● ● ● ● ● ● ● ● ● ● ● ● ● ● ●

Un citron et une vache entrent
dans une banque pour la
cambrioler. Le citron dit :

- Plus un **zeste!**

Et la vache crie :

- On ne **bouse** plus!

Des fous plongent dans une piscine **sans eau**. Le propriétaire leur demande s'ils s'amusent bien. Ils répondent :

- Oui, monsieur, mais ce serait mieux **avec de l'eau!**

●●●●●●●●●●●●●●●●●●

Mon premier vient après do.
Mon second est synonyme d'hier.
Grâce à mon tout, je ne suis pas en retard.

Il ne faut pas boire
au volant,
il vaut mieux boire
à la bouteille.

Quelle était la déesse qui énervait le plus Jupiter?

C'était Minerve...

(parce qu'elle *Minerve*, celle-là!)

● ● ● ● ● ● ● ● ● ● ● ● ● ●

Les poissons d'argent, les termites et les blattes doivent aimer la lecture : ils dévorent littéralement le papier.

Chaque jour fait **20** morts
sur nos routes.

Moi je roule
sur le trottoir.

● ● ● ● ● ● ● ● ● ● ● ●

Les Chinois avaient de la monnaie
de papier il y a plus de **2000** ans.

Un père demande à son fils :

- Pourquoi couches-tu avec ton **fusil?**

- Pour **tirer** les couvertures quand j'ai froid.

• •

Un enseignant dit à l'un de ses élèves

- Donne-moi la définition de **l'eau.** L'élève répond :

- C'est un liquide **transparent** et lorsque tu mets les mains dedans, i devient **noir!**

Le **tiers** de la population du globe vit sans électricité.

Sur la porte de la boutique d'un opticien, on peut lire :

« Si vous ne pouvez pas lire cet écriteau, entrez chez nous. »

La vitesse **maximum** de mots prononcés intelligiblement est de **300 par minute.**

Gaston demande à son papa :

- Mais pourquoi as-tu mis le journal dans le **réfrigérateur?**
- Pour avoir des nouvelles **fraîches.**

Mon premier est le petit de la biche.

Mon second est un des livres d'une série.

Mon tout se promène les soirs d'Halloween.

Que dit le hibou à sa femme le jour de l'Halloween?

- Je te **chouette** un Joyeux Halloween.

●●●●●●●●●●●●●●●●●

- Monsieur, votre chien aboie **toute la nuit!**

- Oh, c'est pas grave, il dort **toute la journée!**

Une mouche qui tombe
dans un verre est censée
apporter la chance.

Deux amis d'enfance se rencontrent par hasard :

- Qu'est-ce que tu deviens?

- Je suis marchand de meubles!

- Ah! Et ça marche bien?

- Oh, oui! J'ai déjà tout vendu les miens!

J'ai un grand chapeau, mais pas de tête. J'ai un pied, mais pas de souliers. Qui suis-je?

Un champignon!

● ● ● ● ● ● ● ● ● ● ● ● ● ● ● ●

- Connais-tu l'histoire du gars qui est entré dans la police?
- Non.
- La police s'est déplacée et le gars est entré dans le mur!

Un scientifique français
a eu l'idée d'utiliser le bois
au lieu de retailles de tissu
pour fabriquer du papier.
Comment? En examinant les
nids de guêpes papetières.

Le gouvernement vient de décider qu'au 1er janvier prochain, sur tout le territoire, les automobiles devront rouler à **gauche**, et non plus à **droite**. Si l'expérience est concluante, la mesure sera aussi adoptée pour les camions à partir du 1er février.

POURQUOI, QUAND UN CHIEN ENTRE DANS UNE PIÈCE, REGARDE-T-IL D'ABORD À GAUCHE, PUIS À DROITE?

RÉPONSE : PARCE QU'IL NE PEUT PAS REGARDER DES DEUX CÔTÉS À LA FOIS!

- Dis-moi, papa, est-ce vrai que j'ai une si grande bouche?

- Mais non, prends ta pelle et mange ta soupe.

La ville canadienne où il
vente le moins est **Kelowna**
en Colombie-Britannique.

Une étudiante canadienne vient de visiter un vieux château en Angleterre. Le guide lui demande si elle a aimé sa visite. La jeune fille reconnaît qu'elle a eu peur de voir apparaître un fantôme.

- Ne vous inquiétez pas, je n'ai jamais vu de fantôme depuis que je suis ici.

- Et cela fait combien de temps?

- Environ trois siècles...

Quel est l'insecte qui arrive toujours
le premier lors d'un marathon?

Le pou

parce qu'il est toujours en tête...

Mon premier sert à transporter l'eau.

Mon deuxième coupe le bois.

Mon troisième est un adjectif démonstratif.

Mon tout se mange.

UNE VACHE EST ASSISE SUR UNE FEUILLE DANS UN ARBRE. COMMENT FAIT-ELLE POUR DESCENDRE?

RÉPONSE : ELLE ATTEND L'AUTOMNE.

Dans la jungle, une petite souris et un éléphant font la course. Soudain, la petite souris s'arrête et dit :

- C'est fou ce qu'on soulève comme poussière, tous les deux!

Quel est le comble pour un avion?
C'est d'avoir...

un antivol!

• • • • • • • • • • • • • • •

Les nouveaux passeports de
Hong Kong sont à la fine pointe
de la technologie : la photo
s'autodétruit si quelqu'un essaie
de la trafiquer.

- Henri, si tu me dis encore une fois « pourquoi », je me fâche!

- **Pourquoi?**

Mon premier est un fruit du verger.

Mon second se boit.

Mon tout est un légume.

Si le hasard fait bien les choses,
tu n'as pas dû être fait...
par hasard!

Un chevalier du Moyen Âge rentre chez lui, après de nombreuses années de croisades. Lorsqu'il retire son armure, sa femme s'exclame :

- **Comme tu es bronzé!**

- **Non**, répond-il...

c'est de la rouille!

Que voit-on quand deux mille-pattes
se serrent la main?
Une fermeture éclair.

Le grand
Le petit
Le chat
Le biscuit
Je le mange
Je le veux

Le mot utilisé le plus
souvent en français est
« **le** » (article ou pronom).

Un rhinocéros et un hamster
sont sur le bord d'un lac gelé.
Le rhinocéros hésite à s'élancer.
Gentiment, le hamster propose :

   - **Laisse-moi y aller en premier**
pour voir si la glace est assez solide.

   - Vous connaissez l'histoire de
Benjamin dans sa cabane en bois?
   - Non.
   - Moi non plus. La porte était **fermée.**

Une maman dit à son fils :
  -Va te brosser les dents, elles sont
    sales!
  - Mais je ne mange que des choses
    propres!

• •

Prudente, la maman allumette
recommande à ses enfants :
- Et surtout...

ne vous grattez pas la tête!

L'avantage d'être intelligent,
c'est qu'on peut faire **semblant**
de ne pas l'être.

● ●

Au restaurant :

- Garçon, il y a une **mouche** dans ma soupe!

- Ne vous inquiétez pas, monsieur. Elle n'en a pas pour longtemps. Vous voyez **l'araignée** sur le bord?

Deux petites sardines regardent passer un sous-marin. L'une dit à l'autre :

- Tu vois, ce sont des hommes **en boîte**.

● ●

Mon premier est le pronom de la 2e personne du singulier.

Mon deuxième est le meuble dans lequel on dort.

Mon troisième est le contraire de beaucoup.

Mon tout est une fleur printanière.

À l'époque, presque tout le monde croyait que la première photocopieuse Xerox était une

invention stupide.

Qui boit l'eau sans jamais l'avaler?

L' éponge.

. . . .

Bénédicte vient d'entrer dans la chambre de son frère Simon qui est occupé à lire. Bénédicte n'arrête pas de parler.

- Oh! la ferme!

- Quoi? La porte?

À la fin du Moyen Âge,
les fausses barbes étaient
très populaires en Europe.

QUE S'EST-IL PASSÉ
LE 1ER JANVIER 2000?

RÉPONSE : LE NOUVEL AN
EST ARRIVÉ.

Un paresseux malentendant flâne dans la rue. Tout à coup, il dit :
- Si je **m'écoutais**, j'irais au bureau.

Les premiers Romains avaient
des immeubles d'habitation.

Sherlock Holmes a fait l'objet de plus de films que tout autre personnage.

- Aubin, viens m'aider à changer ton petit frère?

- Pourquoi? Il est déjà

usé?

● ●

Un homme se présente chez l'orthophoniste :

- Voi-voilà, ma-ma-madame, je bé-bé, je bégaie.

Alors l'orthophoniste répond :

- Bien, nous **chaa-chaa,** nous **chalons a-a-arran, arranzzer cha!**

Mon premier est ce que l'on dit en répondant au téléphone.

Mon second est « gagner » en anglais.

Mon tout est la fête favorite des enfants.

● ● ● ● ● ● ● ● ● ● ● ● ● ● ●

- J'espère qu'il ne va pas pleuvoir aujourd'hui, dit une maman kangourou à une autre. Je déteste que les enfants soient obligés de...

jouer à l'intérieur.

Le plus **grand** lac du monde
est le lac Supérieur, qui
mesure **82 000 m²**.

Dans un sondage mené en 1993, un Américain sur quatre n'arrêterait pas de regarder la télévision, même pour un million de dollars.

Connaissez-vous l'histoire du lit vertical?
C'est une histoire à...

dormir debout.

 - Iona, si tu n'écoutes pas,
je vais demander au père Noël
de t'apporter de nouvelles
oreilles à la place de jouets.

 - Dans ce cas, demande-lui
de me les apporter **avec** des
boucles d'oreilles.

Scène quotidienne dans un magasin
à rayons :
- Combien cet aspirateur?
- 550 $...
   et des poussières.

• •

Deux canards sont au bord
d'un étang. L'un dit :
   - **Coin coin**...
L'autre lui répond :
   - C'est fou, c'est
exactement ce que j'allais
dire!

L'idée de parler par fil n'a
pas eu de succès au début.
Les investisseurs pensaient
que le téléphone ne serait
qu'un jouet.

Un chauffeur de camion doit s'arrêter à l'entrée d'un tunnel avec son gros camion parce qu'un autre camion lui bloque le passage. Le deuxième chauffeur descend et demande au premier pourquoi il s'est arrêté. Celui-ci lui montre le panneau : hauteur maximale 4 m et lui explique que son camion fait 4,1 m. Le deuxième chauffeur dit alors au premier :

- C'est pas grave, y'a pas de policiers!

Dans l'Égypte ancienne,
lorsque le chat de la maison
mourait, toute la famille
se rasait la tête.

Une nouvelle mode chez
les adultes en Europe : se
suspendre à des trapèzes à
des hauteurs **vertigineuses**.

Un duc britannique avait l'habitude de sonner son valet pour changer de canal de télévision. Le valet habitait à près de **0,5 km** de là.

Papa parle à Vanessa:

- Tu sais, on va avoir un bébé!

- Super!
Il faut le dire à maman!

● ●

Pourquoi les éléphants portent-ils des **raquettes** dans le désert?

Pour ne pas s'enfoncer dans le sable.

Pourquoi les autruches s'enfouissent-elles la tête dans le sable?

Pour retrouver les éléphants qui n'avaient pas de **raquettes!**

Victoria, reine d'Angleterre
(1819-1901), ne permettait à
personne de frapper à la porte.
Les visiteurs devaient
gratter doucement.

Solutions des charades